70 Citations pour la paix

Célébrations du 70ᵉ anniversaire
de l'UNESCO

70 Quotes for Peace

UNESCO's 70th Anniversary
Celebrations

Sur une idée originale de
Based on an original idea by
GUILA CLARA KESSOUS
Artiste de l'UNESCO pour la paix
UNESCO Artist for Peace

FOREWORD

Seventy years ago, the United Nations Educational, Scientific and Cultural Organization (UNESCO) was created, founded on the strong conviction that peace, in order to be sustainable, needed to be rooted in the minds of men and women and based on a mutual understanding between peoples and on the intellectual solidarity of humankind.

For the past seven decades, UNESCO has been striving to strengthen ties among peoples, through scientific and educational cooperation between nations, by fostering cultural dialogues and offering people the means to understand their respective histories, and by deepening their sense of common and equal dignity.

Artists, intellectuals and activists, along with politicians and statesmen, stand at the forefront of this effort. They inspire us to cultivate the very best part of ourselves, shaping humanity's greatest aspirations, in the respect of all its diversity. Each of the 70 contributions in this publication—70 voices quoted in honor of the 70 years of UNESCO's work—bears witness to the immense resources of creativity, tolerance and dignity in each human being and the possibility of sharing and expanding these qualities.

IRINA BOKOVA
Director-General of UNESCO

PRÉFACE

L'Organisation des Nations Unies pour l'éducation, la science et la culture (UNESCO) est née il y a soixante-dix ans à partir de la conviction que la paix, pour être durable, doit s'ancrer dans l'esprit des hommes et des femmes, et se fonder sur la compréhension mutuelle des peuples et sur la solidarité intellectuelle de l'humanité.

Depuis soixante-dix ans, l'UNESCO s'attache à resserrer ces liens par la coopération scientifique et éducative entre les nations, par le dialogue des cultures, lesquels permettent aux peuples d'acquérir une meilleure connaissance de leurs histoires réciproques et le sentiment de leur dignité commune.

Les artistes, les intellectuels et les militants, ainsi que des politiciens et hommes d'État, sont les sentinelles de ce travail. Ils nous portent à cultiver ce que nous avons de meilleur en donnant forme aux plus hautes aspirations de l'humanité dans sa diversité. Chacune des voix rassemblées dans cet ouvrage – 70 citations pour célébrer les 70 ans de l'UNESCO – témoigne des ressources infinies de créativité, de tolérance et de dignité, que chacun de nous porte et peut à son tour diffuser autour de lui.

IRINA BOKOVA
Directrice générale de l'UNESCO

70 YEARS IN 70 CITATIONS FOR PEACE

It has been seventy years since UNESCO has been examining humanity—a community always on a quest for universal ethics. The evolution of this institution can be understood through its decrees, debates, or other resolutions fixed to specific dates and also in the use of an open semantic in relation to the human.

The idea of a book of citations and citations about peace drives the opening about a "humanity to be constructed". In its preface, UNESCO's constitution states that "since wars begin in the minds of men, it is in the minds of men that the defences of peace must be constructed".

The minds of men would therefore be able to gain an understanding of themselves and civilisations, to favour a better global understanding and, in the future, renounce war. This is a knowledge connected to awareness. This idea guided our choice. The choice of citations, pulled from several varied texts.The choice of authors is bound to be exceptional people.

I extend many thanks to the illustrator Plantu for having accepted to illustrate this work and to Mrs Irina Bokova, Director-General of UNESCO.

GUILA CLARA KESSOUS
UNESCO Artist for Peace

70 ANS EN 70 CITATIONS POUR LA PAIX

Voilà soixante-dix ans que l'UNESCO s'interroge sur l'humanité, cette communauté toujours en quête d'éthique universelle. L'évolution de cette institution s'appréhende dans les décrets, les discours ou autres résolutions temporellement fixés par des dates, et aussi à travers une sémantique ouverte sur le rapport à l'humain.

D'où l'idée d'un livre de citations, et de citations sur la paix, dont le message véhicule cette ouverture sur une « humanité à construire ». Dans son préambule, l'Acte constitutif de l'UNESCO énonce que « les guerres prenant naissance dans l'esprit des hommes, c'est dans l'esprit des hommes que doivent être élevées les défenses de la paix ».

L'esprit des hommes serait donc capable d'accéder à un certain degré de connaissance de soi et des civilisations, de favoriser une meilleure entente globale et, à terme, de renoncer à la guerre. Il s'agit d'une connaissance en lien avec une prise de conscience. Cette idée nous a guidée dans notre choix. Celui des citations, tirées de textes divers et variés. Celui des auteurs, des personnes d'exception forcément.

Mes plus vifs remerciements vont au dessinateur Plantu, pour avoir accepté d'illustrer cet ouvrage et à Madame Irina Bokova, directrice générale de l'UNESCO.

GUILA CLARA KESSOUS
Artiste de l'UNESCO pour la paix

Peace is a daily task
of construction,
laying the foundation
brick by brick, maybe one day
it will start growing.

GILBERTO GIL
Brazilian musician and politician, born in 1942
World March for Peace and Nonviolence 2009

La paix est une
construction quotidienne,
posons une pierre
après l'autre et, peut-être,
elle grandira.

GILBERTO GIL
Musicien et homme politique brésilien, né en 1942
Marche mondiale pour la paix et la non-violence 2009

Let me state that
there is no peace with arms,
no peace under oppression.
No fraternity without equality.
My wish is a comradeship
of all humankind.

LÉOPOLD SÉDAR SENGHOR
Senegalese poet and politician, 1906–2001

Je dis qu'il n'est pas
de paix armée,
de paix sous l'oppression
De fraternité sans égalité.
J'ai voulu
tous les hommes frères.

LÉOPOLD SÉDAR SENGHOR
Poète et homme politique sénégalais, 1906-2001
« Chaka », *Éthiopiques* in *Œuvre Poétique*, 1956

Nous devons tous tourner le dos aux horreurs du passé et porter nos regards vers l'avenir. Nous ne pouvons pas continuer de porter dans les années à venir la haine et le désir de vengeance tels qu'ils sont nés des injustices passées.

—

We must all turn our backs upon the horrors of the past and look to the future. We cannot afford to drag forward across the years to come hatreds and revenges which have sprung from the injuries of the past.

WINSTON CHURCHILL
Homme d'État britannique,
prix Nobel de littérature 1953, 1874-1965
Discours, Zurich, 19 septembre 1946
British statesman,
Nobel Prize in Literature 1953, 1874–1965
Speech in Zürich, September 19, 1946

Il n'y a jamais eu
de bonne guerre
ni de mauvaise paix.

—

There never was
a good war
or a bad peace.

BENJAMIN FRANKLIN
Homme politique américain, 1706-1790
Lettre à Sir Joseph Banks, 27 juillet 1783
American politician, 1706–1790
Letter to Sir Joseph Banks, July 27, 1783

We are guilty of many errors and many faults,
But **our worst crime**
    is abandoning the children,
Neglecting the fountain of life
Many of things we need can wait
But the child cannot. Right now is the time;
His bones are being formed,
His senses are being developed
His blood is being made
To him, we cannot answer, "Tomorrow,"
His name is "Today."

GABRIELA MISTRAL
Chilean poet, diplomat,
educator and feminist, 1889–1957
Nobel Prize in Literature 1945
Llamado por el niño

Nous sommes coupables de nombreuses erreurs
et de quantité de fautes,
Mais **notre crime le plus abominable
c'est d'abandonner les enfants**,
De négliger la source même de la vie
Nombre de choses dont nous avons besoin
peuvent attendre
Mais l'enfant ne peut pas. C'est maintenant que
ses os se forment,
ses sens se développent
son sang se crée
Nous ne pouvons pas lui répondre « Demain »
car il s'appelle « Aujourd'hui ».

GABRIELA MISTRAL
Éducatrice, diplomate, féministe
et poétesse chilienne, 1889-1957
prix Nobel de littérature 1945
Llamado por el niño

A child is born into an utterly undemocratic world. He cannot choose his father and mother. He cannot pick his sex or color, his religion, nationality, or homeland. Whether he is born in a manor or a manger, whether he lives under a despotic or democratic regime, it is not his choice. From the moment he comes, close-fisted, into the world, his fate lies in the hands of his nation's leaders.

(…)

The leaders of nations must provide their peoples with the conditions—the "infrastructure," if you will—which enables them to enjoy life: freedom of speech and of movement; food and shelter; and most important of all: life itself. **A man cannot enjoy his rights if he is not among the living.** And so every country must protect and preserve the key element in its national ethos: the lives of its citizens.

YITZHAK RABIN
Israeli statesman, 1922–1995
Nobel Peace Prize Lecture, 1994

L'enfant naît dans un monde absolument non démocratique. Il ne peut pas choisir son père et sa mère. Il ne peut pas choisir son sexe ni sa couleur, sa religion, sa nationalité ou sa patrie. Le choix de naître dans un château ou dans une mangeoire, de vivre sous un régime despotique ou démocratique ne lui appartient pas. Dès son arrivée, poings serrés, dans le monde son destin dépend des dirigeants de sa nation.

(…)

Les dirigeants des nations doivent donner à leurs populations les conditions – «l'infrastructure» si vous préférez – qui leur permettent de profiter de la vie : la liberté de parole et de mouvement ; la nourriture et le couvert ; et avant tout, la vie elle-même. **Un être humain ne peut jouir de ses droits s'il ne fait pas partie des vivants.** Aussi chaque pays doit protéger et préserver l'élément clé de sa philosophie nationale : la vie de ses citoyens.

YITZHAK RABIN
Homme d'État israélien, 1922-1995
Discours de réception du prix Nobel de la paix, 1994

We want arms to fall silent and men to speak. Our sons are being killed by conventional weapons. Our youths are being killed by conventional weapons.

Fear of nuclear war, the horrors of what we have heard about the nuclear end of the world, seem to have made us uncaring about conventional war. Memories of Hiroshima are stronger than memories of Vietnam! How welcome it would be if conventional weapons were treated with the same awe as the atom bomb! How welcome it would be if the killing of many little by little, everyday, was considered just as outrageous as the killing of many all at once!

ÓSCAR ARIAS SÁNCHEZ
Costa Rican statesman, born in 1940
Nobel Peace Prize Lecture, 1987

Nous voulons que les armes se taisent et que les êtres humains retrouvent la parole. Nos fils sont tués par des armes conventionnelles. Notre jeunesse est tuée par des armes conventionnelles.

La peur de la guerre nucléaire, les horreurs que nous avons entendues à propos de la fin nucléaire du monde, semblent nous avoir détournés de la guerre conventionnelle. Les souvenirs d'Hiroshima sont plus forts que ceux du Viêt Nam! Comme ce serait bien si les armes conventionnelles étaient autant craintes que la bombe atomique! Comme ce serait bien si la mort de beaucoup, petit à petit, tous les jours, était regardée comme tout aussi scandaleuse que la mort de beaucoup en même temps!

ÓSCAR ARIAS SÁNCHEZ
Homme d'État costaricain, né en 1940
Discours de réception du prix Nobel de la paix, 1987

Today, with globalization bringing us ever closer together, **if we choose to ignore the insecurities of some, they will soon become the insecurities of all**.

Equally, with the spread of advanced science and technology, as long as some of us choose to rely on nuclear weapons, we continue to risk that these same weapons will become increasingly attractive to others.

I have no doubt that if we hope to escape self-destruction, then nuclear weapons should have no place in our collective conscience, and no role in our security.

MOHAMED ELBARADEI
Egyptian diplomat and statesman, born in 1942
Nobel Peace Prize Lecture, 2005

Aujourd'hui la mondialisation nous rapproche de plus en plus les uns des autres, et **si nous choisissons d'ignorer l'insécurité dans laquelle vivent certains, cette insécurité deviendra celle de tous**. Aussi, avec la généralisation des sciences et des technologies, si certains d'entre nous choisissent de se fier aux armes nucléaires, continuons-nous de prendre le risque que ces armes deviennent de plus en plus tentantes pour d'autres.

Je suis absolument convaincu que, si nous espérons échapper à l'autodestruction, les armes nucléaires ne devraient avoir aucune place dans notre conscience collective et aucun rôle dans notre sécurité.

MOHAMED EL-BARADEI
Diplomate et homme d'État égyptien, né en 1942
Discours de réception du prix Nobel de la paix, 2005

If the attainment of peace is the ultimate objective of all statesmen, it is, at the same time, something very ordinary, closely tied to the daily life of each individual. In familiar terms, it is the condition that allows each individual and his family to pursue, without fear, the purpose of their lives. It is only in such circumstances that each individual will be able to devote himself, without the loss of hope for the future of mankind, to the education of his children, to an attempt to leave upon the history of mankind the imprint of his own creative and constructive achievements in the arts, culture, religion and other activities fulfilling social aspirations. **This is the peace which is essential for all individuals, peoples, nations, and thus for the whole of humanity.** (…)

The new Constitution [of Japan] is founded on the principles of the protection of human rights on the one hand, and the renunciation of war on the other.

EISAKU SATO
Japanese politician, 1901–1975
Nobel Peace Prize Lecture, 1974

Si la recherche de la paix est le but ultime de tous les hommes d'État, c'est, en même temps, quelque chose de très ordinaire, étroitement lié à la vie quotidienne de chaque individu. En d'autres termes, c'est la condition qui permet à chaque individu et à sa famille de poursuivre sans crainte son objectif de vie. C'est seulement dans de telles circonstances que chaque individu pourra, sans perdre espoir en l'avenir de l'humanité, se consacrer à l'éducation de ses enfants, à essayer de laisser dans l'histoire de l'humanité la marque de ses réalisations créatrices et constructrices dans le domaine des arts, de la culture, de la religion et d'autres activités correspondant à ses aspirations sociales. **C'est la paix qui est essentielle pour tous les individus, toutes les populations, toutes les nations, et donc pour toute l'humanité.** (...)
La nouvelle constitution [du Japon] est fondée sur les principes de protection des droits humains d'une part et de renonciation à la guerre de l'autre.

EISAKU SATO
Homme politique japonais, 1901-1975
Discours de réception du prix Nobel de la paix, 1974

Poverty is a threat to peace.

(…)

Peace should be understood in a human way—in a broad social, political and economic way. Peace is threatened by unjust economic, social and political order, absence of democracy, environmental degradation and absence of human rights.

Poverty is the absence of all human rights. The frustrations, hostility and anger generated by abject poverty cannot sustain peace in any society. For building stable peace, we must find ways to provide opportunities for people to live decent lives.

MUHAMMAD YUNUS
Bangladeshi social entrepreneur and economist, born in 1940
Nobel Peace Prize Lecture, 2006

La pauvreté menace la paix.

(…)

La paix doit être comprise selon une perspective humaine – une perspective sociale, politique et économique. La paix est menacée par un ordre économique social et politique injuste, par l'absence de démocratie, la dégradation de l'environnement et l'absence de droits humains.

La pauvreté est l'absence de droits humains. Les frustrations, l'hostilité et la colère générées par une pauvreté abjecte ne peuvent pas être une base de paix dans une société. Pour construire une paix durable, nous devons trouver les moyens de fournir aux populations l'opportunité de vivre une vie décente.

MOHAMED YUNUS
Économiste et entrepreneur social bangladais, né en 1940
Discours de réception du prix Nobel de la paix, 2006

For us, in the South, the question is whether it is possible to build a democratic regime in poverty and penury. It seems to me that the history of 19th-century Europe, like that of North America, shows that **poverty and democracy do not go together**. This is why one may also wonder to what extent the reconstruction, or deconstruction, of the world economic order is not one of the prerequisites for the reconstruction of democracy in the South.

ELIKIA M'BOKOLO
Congolese historian, born in 1944
Keys to the 21st Century, 2001

Pour nous, au Sud, la question serait plutôt de savoir s'il est possible de construire un régime démocratique dans la pauvreté et dans la pénurie. Il me semble que l'histoire de l'Europe du XIXe siècle, comme celle de l'Amérique du Nord, montre que **pauvreté et démocratie ne vont pas de pair**. C'est pourquoi on peut aussi se demander dans quelle mesure le passage par la reconstruction ou la déconstruction de l'ordre économique mondial n'est pas l'un des préalables à la reconstruction de la démocratie dans le Sud.

ELIKIA M'BOKOLO
Historien congolais, né en 1944
Les clés du XXIe siècle, 2000

The facts are there: a decade after the end of the Cold War, Africa is torn apart by domestic conflicts of extreme intensity and violence, resulting in thousands of deaths and setting many civilians on the road to exile and destitution.

(…)

To be sure, the main cause of conflicts is **poverty**, but this **cannot be reduced simply to a lack of money**. It is also synonymous with social and political failings, with the lack of an adequate environment, with shortcomings in education and health.

AMADOU TOUMANI TOURI
Malian statesman, born in 1948
Keys to the 21st Century, 2001

Les faits sont là : depuis que la guerre froide est terminée, l'Afrique est déchirée par des conflits internes d'une intensité et d'une violence extrêmes, provoquant des milliers de morts et portant sur les routes de l'exode et de l'abandon des milliers de civils.

(…)

Certes la principale cause des conflits est **la pauvreté**, mais celle-ci **ne se réduit pas seulement au manque d'argent** ; elle est également synonyme de déficit social et politique, d'absence d'environnement adéquat, de carence d'éducation et de santé.

AMADOU TOUMANI TOURI
Homme d'État malien, né en 1948
Les clés du XXIe siècle, 2000

**La pauvreté
n'est pas une honte,
mais c'est l'exploitation
des peuples qui l'est.**

—

**It is no shame
to be poor.
But it is shameful
to suck blood.**

GAMAL ABDEL NASSER
Homme d'État égyptien, 1918-1970
Annonce de la nationalisation
du canal de Suez, 26 juillet 1956
Egyptian statesman, 1918–1970
Announcement of the nationalization
of the Suez Canal, July 26, 1956

Je veux que la liberté et l'égalité règnent à Saint-Domingue. Je travaille à les faire exister. Unissez-vous, frères, et combattez avec moi pour la même cause. **Déracinez avec moi l'arbre de l'esclavage.**

—

I want freedom and equality to reign in Santo Domingo. I work to make them possible. Unite, brothers, and fight with us for the same cause. **Join me in uprooting the tree of slavery.**

TOUSSAINT LOUVERTURE
Homme politique antillais, 1743-1803
Proclamation du 29 août 1793
West Indian politician, 1743–1803
Proclamation, August 29, 1793

31

Peace is in our interest: as only in an atmosphere of just peace shall the Palestinian people achieve their legitimate ambition for independence and sovereignty, and be able to develop their national and cultural identity, as well as enjoy sound neighborly relations, mutual respect, and cooperation with the Israeli people. They, in return, will be able to articulate their Middle Eastern identity, and to open up economically and culturally toward their Arab neighbors.

(…)

Confidence alone does not make peace. But acknowledging rights and confidence do. Failure to recognize these rights creates a sense of injustice, it keeps the embers burning under the ashes. It moves peace toward the quicksands of danger and rekindles a fuse that is ready to explode.

(…)

Let us protect this newborn infant from the winter winds, let us nurture it with milk and honey, from the land of milk and honey, and on the land of Salem, Abraham, Ismael and Isaac, the Holy Land, the Land of Peace.

YASSER ARAFAT
Palestinian statesman, 1929–2004
Nobel Peace Prize Lecture, 1994

La paix est notre intérêt, car ce n'est que dans une atmosphère de paix juste que le peuple palestinien atteindra son ambition légitime d'indépendance et de souveraineté, et sera capable de développer son identité nationale et culturelle, ainsi que de nourrir des relations de voisinage saines avec les Israéliens, faites de respect mutuel et de coopération. Ceux-ci, en retour, pourront articuler leur identité moyen-orientale et s'ouvrir économiquement et culturellement à leurs voisins arabes.

(…)

La confiance seule ne bâtit pas la paix. Mais la reconnaissance des droits et la confiance, oui. L'échec à reconnaître ces droits crée un sentiment d'injustice, entretient les braises sous les cendres. Il pousse la paix vers les sables mouvants du danger et ravive un détonateur prêt à exploser.

(…)

Protégeons ce nouveau-né des vents de l'hiver, nourrissons-le de lait et de miel provenant de la terre de Salem, d'Abraham, d'Ismaël et d'Isaac, la Terre sainte, la terre de la paix.

YASSER ARAFAT
Homme d'État palestinien, 1929-2004
Discours de réception du prix Nobel de la paix, 1994

C'est l'incompréhension qui est à l'origine de toutes les formes d'exclusivisme ou d'intolérance, de méfiance ou de haine. Les sages de l'Inde enseignaient déjà que **le péché n'est qu'ignorance**.

—

It is the lack of understanding that is at the root of all exclusiveness or intolerance, mistrust or hatred. As the Hindu sages have said, **sin is nothing but ignorance**.

SUNITI KUMAR CHATTERJI
Linguiste et pédagogue indien, 1890-1977
L'originalité des cultures : son rôle
dans la compréhension internationale, 1953
Indian linguist and educationist, 1890–1977
The Originality of Cultures: its Role
in International Understanding, 1953

Even more than by uncivil behaviour, **democracy is threatened by the fragmentation that produces the retreat into micro-identities and the resurgence of ethnicism**. Democracy loses its capacity to build a society that is open and curious about the future when, for example, a vote turns out to be interchangeable with an ethnic census and a fortiori when we see the outbreak of ethnic wars that the late 20th century has reinvented in order to project, in a kind of curious time loop, 19th-century problems on the 21st century.

SOULEYMANE BACHIR DIAGNE
Senegalese philosopher, born in 1955
Keys to the 21st Century, 2001

Pire encore que par l'incivilité, **la démocratie est également menacée par la fragmentation que produisent les replis sur les micro-identités et la réémergence de l'ethnicisme**. La démocratie perd alors sa capacité à construire une société ouverte et curieuse du futur, lorsque, par exemple, un vote se révèle parfaitement superposable à un recensement ethnique, et *a fortiori* lorsqu'éclatent les guerres ethniques que la fin du XXe siècle a réinventées pour projeter, en une sorte de curieuse boucle temporelle, le XIXe siècle sur le XXIe.

SOULEYMANE BACHIR DIAGNE
Philosophe sénégalais, né en 1955
Les clés du XXIe siècle, 2000

Before any of the challenges that lie ahead of humanity in the 21st century can be met, the problem of peace and war must be solved; **in the absence of peace, there is no point in examining the challenges of the next century.**

(...)

Technocrats generally proceed from the assumption that the world is at peace, and this belief underlies their plans, whereas in reality it is not at peace: there have been fifty or so wars since the end of the Cold War and there are about forty being waged at present. These conflict situations are giving rise to a new category of states, states which are neither developed nor developing, not yet transition states, but which belong to a fourth category, that of states at war with each other, or experiencing a local war or passing through a period of transition after a war that has dragged on for years.

BOUTROS BOUTROS-GHALI
Egyptian statesman and diplomat, born in 1922
Keys to the 21st Century, 2001

Le préalable au règlement de tous les défis qui attendent l'humanité au XXIe siècle, c'est le problème de la paix et de la guerre : **sans paix, il est absurde de réfléchir aux défis du prochain siècle**.

(...)

En général, les technocrates supposent que la paix existe et leurs projets sont fondés sur cette idée, alors qu'en réalité elle n'existe pas : nous avons connu une cinquantaine de guerres depuis la fin de la guerre froide, et il y en a une quarantaine en cours. Ces situations conflictuelles donnent naissance à une nouvelle catégorie d'États, qui ne sont ni des États développés, ni des États en développement, ni des États en transition, mais des États appartenant à une quatrième catégorie : ceux qui se font la guerre entre eux, qui subissent une guerre locale, ou encore ceux qui traversent une période de transition à la suite d'une guerre qui a duré des années.

BOUTROS BOUTROS-GHALI
Homme d'État et diplomate égyptien, né en 1922
Les clés du XXIe siècle, 2000

A human being divested of all dignity, a human being deprived of human rights, a human being gripped by starvation, a human being beaten by famine, war and illness, a humiliated human being and a plundered human being is not in any position or state to recover the rights he or she has lost. **If the 21st century wishes to free itself from the cycle of violence**, acts of terror and war, and avoid repetition of the experience of the 20th century—that most disaster-ridden century of humankind—**there is no other way except by understanding and putting into practice every human right for all mankind**, irrespective of race, gender, faith, nationality or social status.

SHIRIN EBADI
Iranian lawyer, born in 1947
Nobel Peace Prize Lecture, 2003

Un être humain dont la dignité est aliénée, un être humain privé de ses droits, un être humain saisi par la misère, un être humain cassé par la famine, la guerre et la maladie, un être humain humilié, un être humain dépouillé, c'est un être humain qui n'est ni en état ni en mesure de récupérer les droits qu'il a perdus.

Si le XXIe siècle veut se libérer du cycle de la violence, des actes de terreur et de la guerre, et éviter la répétition de l'expérience du XXe siècle – le siècle le plus accablé de catastrophes de toute l'histoire humaine –, **il n'y a pas d'autre moyen que de comprendre et de mettre en pratique chaque droit humain pour toute l'humanité**, sans condition de race, de genre, de foi, de nationalité ou de statut social.

SHIRIN EBADI
Avocate iranienne, née en 1947
Discours de réception du prix Nobel de la paix, 2003

This must be a world of democracy and respect for human rights, a world freed from the horrors of poverty, hunger, deprivation and ignorance, relieved of the threat and the scourge of civil wars and external aggression and unburdened of the great tragedy of millions forced to become refugees.

NELSON MANDELA
South African statesman, 1918–2013
Nobel Peace Prize Lecture, 1993

**Ce monde se doit d'être un monde
de démocratie et de respect des droits
humains, un monde libéré des horreurs
de la pauvreté, de la faim,** des privations et
de l'ignorance, délivré de la menace et du fléau
des guerres civiles et des agressions extérieures et
soulagé du poids de la grande tragédie que vivent
les millions de personnes obligées de devenir des
réfugiés.

NELSON MANDELA
Homme d'État sud-africain, 1918-2013
Discours de réception du prix Nobel de la paix, 1993

Permit me to remind us all that today is an important anniversary—the thirtieth anniversary of the adoption of the Universal Declaration of Human Rights. Let us always remember the magnificently written words of its first Article. It expresses the essence of all the declarations of the rights of man and citizen written throughout history. It says: **"All human beings are born free and equal, in dignity and rights. They are endowed with reason and conscience and should act towards one another in a spirit of brotherhood."**
Free women and men everywhere must wage an incessant campaign so that these human values become a generally recognized and practiced reality. We must regretfully admit that in various parts of the world this is not yet the case. Without those values and human rights the real peace of which we dream is jeopardized.

MENACHEM BEGIN
Israeli statesman, 1913–1992
Nobel Peace Prize Lecture, 1978

Permettez-moi de vous rappeler à tous qu'aujourd'hui est un anniversaire important – le trentième anniversaire de l'adoption de la Déclaration universelle des droits de l'homme. Rappelons-nous toujours les mots magnifiques de son article premier. Il exprime l'essence de toutes les déclarations de droits de l'être humain et du citoyen rédigées à travers l'histoire lorsqu'il énonce : **« Tous les êtres humains naissent libres et égaux en dignité et en droits. Ils sont doués de raison et de conscience et doivent agir les uns envers les autres dans un esprit de fraternité. »**
Les femmes et les hommes libres du monde entier doivent mener une campagne incessante pour que ces valeurs humaines deviennent une réalité reconnue et pratiquée partout. Hélas, il nous faut admettre que dans de nombreuses régions du monde, ce n'est pas le cas. Sans ces valeurs et ces droits humains, la vraie paix dont nous rêvons est compromise.

MENACHEM BEGIN
Homme d'État israélien, 1913-1992
Discours de réception du prix Nobel de la paix, 1978

For us, liberty is that inalienable capacity that all humans alike have at their disposal.

This is the capacity that permits the building of communion and participation that encourage human beings to relate fully with the world, with their brothers and sisters and with God.

(...)

We do not believe in consensus by force. We are accustomed to hearing, wherever human rights are being violated, that it is being done in the name of higher interests. **I declare that there exists no higher interest than the human being.**

ADOLFO PÉREZ ESQUIVEL
Argentinian human rights activist and artist, born in 1931
Nobel Peace Prize Lecture, 1980

Pour nous, la liberté est cette capacité inaliénable que tous les hommes, indistinctement, ont à leur disposition.

C'est ce qui permet de construire une communion et une participation qui encouragent les êtres humains à entrer en relation avec le monde, avec leurs frères et sœurs et avec Dieu.

(...)

Nous ne croyons pas au consensus par la force. Nous avons l'habitude d'entendre, là où les droits humains sont violés, qu'ils le sont au nom d'intérêts supérieurs. **Je déclare qu'il n'existe aucun intérêt plus élevé que l'être humain.**

ADOLFO PÉREZ ESQUIVEL
Artiste argentin défenseur des droits de l'homme, né en 1931
Discours de réception du prix Nobel de la paix, 1980

Peace is also a framework. It is a framework consisting of rules, laws, agreements and conventions—a framework providing mechanisms for the peaceful resolution of the inevitable clashes of interest between countries, communities, parties and individuals. It is a framework within which the irresistible and dynamic processes of social, economic and political development can be regulated and accommodated.

(…)

It is difficult to incite people to aggression if they are educated and informed, if their basic rights are properly protected. It is difficult to persuade people who have achieved a degree of material well-being to risk all in unnecessary conflict.

Such people will not easily be seduced by militarism or allow themselves to become canon fodder.

The media—and particularly television—have stripped war and conflict of any of the glory or illusions that it might once have held.

FREDERIK DE KLERK
South African politician
and former head of state, born in 1936
Nobel Peace Prize Lecture, 1993

La paix est aussi un cadre. C'est un cadre fait de règlements, de lois, d'accords et de conventions – un cadre qui fournit les mécanismes de résolution pacifique aux inévitables conflits d'intérêts entre les pays, les communautés, les parties et les individus. C'est un cadre dans lequel les processus irrésistibles et dynamiques du développement social, économique et politique peuvent être réglés et satisfaits. (…)

Il est difficile d'inciter les populations à l'agression si elles sont éduquées et informées, et si leurs droits fondamentaux sont correctement protégés.

Il est difficile de persuader des personnes qui ont atteint un certain niveau de bien-être matériel de tout risquer dans un conflit inutile.

De telles personnes ne se laisseront pas facilement séduire par des idées belliqueuses et n'accepteront pas de devenir de la chair à canon.

Les médias – et en particulier la télévision – ont dépouillé la guerre et les conflits de toute la gloire ou les illusions dont ils ont pu être porteurs dans le passé.

FREDERIK DE KLERK
Homme politique
et ancien chef d'État sud-africain, né en 1936
Discours de réception du prix Nobel de la paix, 1993

Every time I asked a question, that magnificent teacher, instead of giving the answer, showed me how to find it. She taught me to organize my thoughts, to do research, to read and listen, to seek alternatives, to resolve old problems with new solutions, to argue logically. **Above all, she taught me not to believe anything blindly, to doubt, and to question even what seemed irrefutably true**, such as man's superiority over woman, or one race or social class over another.

ISABEL ALLENDE
Chilean writer, born in 1942
Portrait in Sepia, 2000

Chaque fois que je posais une question, cette magnifique maîtresse, au lieu de me donner la réponse, m'indiquait la voie pour la trouver. Elle m'apprit à ordonner mes pensées, à faire des recherches, à lire et à écouter, à envisager diverses solutions, à résoudre de vieux problèmes avec des solutions nouvelles, à argumenter avec logique. **Elle m'apprit surtout à ne rien croire aveuglément, à douter et à remettre en question même ce qui passait pour une vérité irréfutable**, comme la supériorité de l'homme sur la femme, ou celle d'une classe sociale sur une autre.

ISABEL ALLENDE
Écrivaine chilienne, née en 1942
Portrait sépia, 2001

Des enseignants bien formés peuvent renforcer des talents scientifiques, promouvoir la tolérance, encourager le dialogue, améliorer l'équité de genre et faire progresser d'importantes valeurs culturelles et sociales.

—

Well-trained teachers can strengthen scientific thinking skills, promote tolerance, encourage dialogue, improve gender equity, and advance important cultural and social values.

SON ALTESSE ROYALE LA PRINCESSE FIRYAL
Princesse jordanienne et philanthrope,
Ambassadrice de bonne volonté de l'UNESCO, née en 1945
Discours lors de la Journée mondiale des enseignants, 2013
HER ROYAL HIGHNESS PRINCESS FIRYAL
Jordanian princess and philanthropist,
UNESCO Goodwill Ambassador, born in 1945
Speech on the occasion of the World Teachers' Day, 2013

There is not so much a shortage of education, as much as a concentration of places where it is administered. It makes sense that **those who become qualified should spread their contributions where it is needed: to the less privileged**.

HAYAT SINDI
Saudi scientist,
UNESCO Goodwill Ambassador, born in 1967

Ce n'est pas tant que l'on souffre de pénurie d'éducation, mais plutôt d'une concentration des lieux où l'éducation est offerte. Il est logique **que ceux qui se qualifient apportent leur contribution à ceux qui en ont besoin : les moins privilégiés**.

HAYAT SINDI
Scientifique saoudienne,
Ambassadrice de bonne volonté de l'UNESCO, née en 1967

I was just ten when more than 400 schools were destroyed. Women were flogged. People were killed. And our beautiful dreams turned into nightmares. **Education went from being a right to being a crime.**
Girls were stopped from going to school.
When my world suddenly changed, my priorities changed too.
I had two options. One was to remain silent and wait to be killed. And the second was to speak up and then be killed.
I chose the second one.

MALALA YOUSAFZAI
Pakistani women rights activist, born in 1997
Nobel Peace Prize Lecture, 2014

J'avais juste dix ans quand plus de quatre cents écoles ont été détruites. Des femmes ont été fouettées. Des personnes ont été tuées. Et nos beaux rêves se sont transformés en cauchemars.

L'éducation, qui était un droit, est devenue un crime.

Les filles n'ont plus eu le droit d'aller à l'école. Quand mon monde a soudain changé, mes priorités ont aussi changé.

J'avais deux solutions. L'une était de rester silencieuse et d'attendre d'être tuée. Et la seconde était de parler haut et fort et ensuite d'être tuée.

J'ai choisi la seconde.

MALALA YOUSAFZAI
Militante pakistanaise des droits des femmes, née en 1997
Discours de réception du prix Nobel de la paix, 2014

We used our pains, broken bodies and scarred emotions to confront the injustices and terror of our nation. We were aware that the end of the war only come through non-violence, as we had all seen that the use of violence was taking us and our beloved country deeper into the abyss of pains, death, and destruction.

(...)

To recognize and honor women, the other half of humanity, is to achieve universal wholeness and balance. (...) If women were part of decision-making in most societies, there would be less exclusive policies and laws that are blind to abuses women endure.

LEYMAH ROBERTA GBOWEE
Liberian peace activist, born in 1972
Nobel Peace Prize Lecture, 2011

Nous avons utilisé nos douleurs, nos corps meurtris et nos émotions abîmées pour faire face aux injustices et à la terreur dans notre nation. Nous savions que la fin de la guerre viendrait uniquement par la non-violence, car nous avions vu que l'utilisation de la violence nous enfonçait, nous et notre cher pays, encore plus profondément dans les abysses de la douleur, de la mort et de la destruction.

(…)

Reconnaître et honorer les femmes, l'autre moitié de l'humanité, c'est atteindre la complétude et l'équilibre.

(…) Si les femmes participaient à la prise de décision dans la plupart des sociétés, il y aurait moins de politiques et de lois d'exclusion aveugles aux maltraitances que subissent les femmes.

LEYMAH ROBERTA GBOWEE
Militante libérienne pour la paix, née en 1972
Discours de réception du prix Nobel de la paix, 2011

Women wish to renovate and adapt the political structure to their personalities and to their vision of the world.
Women leaders do not wish to simply integrate male-oriented structures of management or government. (…) In budgetary matters, for instance, it is clear that women have alternative ideas concerning how resources ought to be used and distributed. Most women would rather spend money on education or health than on the military.

GERTRUDE MONGELLA
Tanzanian politician, born in 1945
Keys to the 21st Century, 2001

Les femmes veulent rénover et adapter les structures politiques à leur personnalité et à leur vision du monde.
Les femmes décisionnaires ne veulent pas simplement intégrer les structures de pensée masculines de gestion ou de gouvernance. (…) En matière budgétaire, par exemple, il est clair que les femmes ont des idées alternatives concernant la manière dont les ressources devraient être utilisées ou distribuées. Il y a, par exemple, fort à parier qu'elles privilégieraient la santé ou l'éducation plutôt que l'armée.

GERTRUDE MONGELLA
Femme politique tanzanienne, née en 1945
Les clés du XXIᵉ siècle, 2000

It has come, the time of women who think, judge, reject or accept; and it is no longer the time of women who watch, immobile and powerless, the capricious political crafting of their country's destiny, which is no other than the destiny of their home. It is the time of the Argentinian woman, a woman who fully enjoys the duties and rights common to all people who work; the time has passed when she was merely an casual partner, a minor contributor. The time has finally come for the new Argentinian woman, freed from social custody; **and the time has passed of the woman relegated to a precarious role**, sidelined from the dynamic world of modern life.

EVA PERÓN
Argentinian actress and politician, 1919–1952
Speech, March 12, 1947

Il arrive, le temps de la femme qui pense, juge, repousse ou accepte, et il est fini le temps de la femme qui assiste, immobile et impuissante, à l'élaboration politique capricieuse du destin de son pays, qui est, en définitive, le destin de son foyer. Il arrive le temps de la femme argentine, complètement femme dans la possession des devoirs et des droits communs à tout être humain qui travaille, il est fini le temps de la compagne occasionnelle et collaboratrice mineure. Il arrive, enfin, le temps de la femme argentine débarrassée de la tutelle sociale, et **il est fini le temps de la femme reléguée dans une position précaire à l'écart du vrai monde** dynamique de la vie moderne.

EVA PERÓN
Actrice et femme politique argentine, 1919-1952
Discours, 12 mars 1947

Today, peace means the ascent from simple coexistence to cooperation and common creativity among countries and nations.

Peace is movement toward globality and universality of civilization. Never before has the idea that peace is indivisible been so true as it is now.

Peace is not unity in similarity but unity in diversity, in the comparison and conciliation of differences.

MIKHAIL GORBACHEV
Soviet then Russian statesman, born in 1931
Nobel Peace Prize Lecture, 1991

Aujourd'hui la paix implique de s'élever au-dessus de la simple coexistence pour atteindre la coopération et la créativité commune entre les pays et les nations.

La paix est un mouvement vers la globalité et l'universalité de la civilisation. Jamais auparavant l'idée que la paix est indivisible n'a été si vraie qu'aujourd'hui.

La paix n'est pas l'unité dans la similarité mais l'unité dans la diversité, dans la comparaison et la conciliation des différences.

MIKHAÏL GORBACHEV
Homme d'État soviétique et russe, né en 1931
Discours de réception du prix Nobel de la paix, 1991

The peace of our world is indivisible.
As long as negative forces are getting the better of positive forces anywhere, we are all at risk. It may be questioned whether all negative forces could ever be removed. The simple answer is: "No!" It is in human nature to contain both the positive and the negative. However, it is also within human capability to work to reinforce the positive and to minimize or neutralize the negative. Absolute peace in our world is an unattainable goal. But it is one toward which we must continue to journey, our eyes fixed on it as a traveller in a desert fixes his eyes on the one guiding star that will lead him to salvation. Even if we do not achieve perfect peace on earth, because perfect peace is not of this earth, **common endeavors to gain peace will unite individuals and nations in trust and friendship** and help to make our human community safer and kinder.

AUNG SAN SUU KYI
Burmese politician, born in 1945
Nobel Peace Prize 1991 (collected 21 years later)
Nobel Peace Prize Lecture, June 16, 2012

La paix dans notre monde est indivisible. Tant que des forces négatives l'emportent quelque part sur les forces positives, nous sommes tous en danger. On peut se demander si toutes les forces négatives pourront un jour être supprimées. La réponse simple est : « Non ! » La nature humaine contient à la fois le positif et le négatif. Cependant, la nature humaine est également capable de travailler à renforcer le positif et à diminuer ou neutraliser le négatif. La paix absolue dans notre monde est un objectif inatteignable. Mais c'est un but vers lequel nous devons continuer à avancer, les yeux fixés sur lui comme un voyageur dans le désert fixe l'étoile qui le conduira à son salut. Même si nous n'atteignons pas la paix parfaite sur la terre, parce que la paix parfaite n'est pas de ce monde, **les efforts communs pour atteindre la paix uniront les individus et les nations dans la confiance et l'amitié** et aideront à rendre notre communauté humaine plus sûre et plus douce.

AUNG SAN SUU KYI
Femme politique birmane, née en 1945
Prix Nobel de la paix 1991 (reçu vingt et un ans plus tard)
Discours de réception du prix Nobel de la paix, 16 juin 2012

No effective institution
for the collective
security of nations
is possible
without understanding
and a measure
of reciprocal
confidence.

ALBERT EINSTEIN
German-born theoretical physicist, Nobel Prize in Physics 1921,
1879–1955 (successively German, stateless, Swiss and American)
The UNESCO Courier, December 1951

Sans compréhension,
sans un certain degré
de confiance réciproque,
aucune institution efficace
pour la sécurité collective
des nations
ne saurait être établie.

ALBERT EINSTEIN
Physicien théoricien successivement allemand, apatride,
suisse et avec la double nationalité helvético-américaine,
prix Nobel de physique 1921, 1879-1955
Le Courrier de l'UNESCO, décembre 1951

Continuing to combat violence and intolerance [in Mali] means first of all, to have empathy for the human condition in general, seeking to understand others to the extent of putting oneself in the place of each actor in a conflict so as to better perceive the reality of the difference between parties.

(…)

It is always possible to resolve conflicts without violence. **No circumstance can justify the use of violence because the use of violence is a failing** that will only beget more violence sooner or later.

IBRAHIM AG IDBALTANAT
Malian human rights activist, born in 1956,
winner of the 2014 UNESCO-Madanjeet Singh
Prize for the Promotion of Tolerance and Non-Violence
Interview on the occasion of his award's receipt

Se battre d'une manière régulière contre la violence et l'intolérance [au Mali] signifie d'abord avoir de l'empathie pour l'être humain tout court, rechercher la compréhension de l'autre ; voire fournir beaucoup d'efforts pour se mettre à la place de chaque acteur d'un conflit, ce qui aidera à mieux appréhender la réalité de la différence entre les parties.

(…)

Il est toujours possible de régler les conflits sans violence et **aucune situation ne saurait justifier le recours à la violence car le recours à la violence c'est aussi de la faiblesse** dans la mesure où ce recours à la violence ne fera qu'engendrer tôt ou tard d'autres violences.

IBRAHIM AG IDBALTANAT
Militant des droits de l'homme malien, né en 1956,
lauréat du prix UNESCO-Madanjeet Singh 2014
pour la promotion de la tolérance et de la non-violence
Entretien à l'occasion de la réception de son prix

South and North Korea should seek peaceful coexistence and cooperation. Unification, I believe, can wait until such a time when both sides feel comfortable enough in becoming one again, no matter how long it takes.

(…)

The knowledge and information age of the 21st century promises to be an age of enormous wealth. But it also presents the danger of hugely growing wealth gaps between and within countries.

KIM DAE-JUNG
South Korean politician, 1925–2009
Nobel Peace Prize Lecture, 2000

La Corée du Nord et la Corée du Sud devraient rechercher une coexistence pacifique et une coopération. L'unification, je crois, peut attendre le moment où les deux parties se sentiront assez à l'aise pour se réunir, peu importe le temps que cela prendra.

(…)

L'ère de la connaissance et de l'information que représente le XXIe siècle promet d'être une époque de grande richesse. Mais elle présente également le risque d'écarts énormes et grandissants entre les pays et à l'intérieur des pays.

KIM DAE-JUNG
Homme politique sud-coréen, 1925-2009
Discours de réception du prix Nobel de la paix, 2000

Peace is a common and irreplaceable good and its defense is a common obligation. By making it everyone's affair, we can prevent the global peace we strive for from becoming peace for some at the expense of others. (…)
We urge all writers in the world to join us. Together, we can influence decision-makers and public opinion and thereby also the course of events, ensuring that the values of peace are strengthened throughout the world. **Our methods in this fight are literature, debate and vigilance.** Maybe it is not much, but it is our way of maintaining our dignity in a world of violence and cynicism.

Writers Appeal for Peace, October 2012,
David Grossman (born in 1954)
and Boualem Sansal (born in 1949),
Israeli and Algerian writers

La paix est un bien commun irremplaçable et sa défense est une obligation commune. En en faisant l'affaire de tous, nous éviterons que la paix globale recherchée ne soit à la fin la paix pour l'un au détriment de l'autre. (…) Nous exhortons tous les écrivains dans le monde à nous rejoindre. Ensemble, nous pouvons influencer les décideurs et l'opinion publique et ainsi peser sur le cours des choses, afin que les valeurs de la paix soient renforcées partout dans le monde. **Nos moyens dans ce combat sont la littérature, le débat, la vigilance.** Peutêtre est-ce peu, mais c'est notre façon de préserver notre dignité dans un monde empreint de violence et de cynisme.

Appel des Écrivains pour la Paix, octobre 2012,
David Grossman (né en 1954)
et Boualem Sansal (né en 1949),
écrivains israélien et algérien

The aim is not to put an end to conflict in the world. Conflict and opposition have always been driving forces of human history. What is needed is that war and violence should no longer be regarded as possible solutions to conflicts. **We must work so that negotiation, conciliation, and respect for the rule of law come to be seen as the only ways of settling conflicts**, overcoming opposition and transcending individual interests.

FEDERICO MAYOR ZARAGOZA
Spanish scientist, politician, diplomat and poet,
Director-General of UNESCO (1987–1999), born in 1934
Speech, September 6, 1988

L'objectif n'est pas de mettre fin aux conflits dans le monde. Le conflit et l'opposition ont toujours eu un rôle moteur dans l'histoire de l'humanité. Ce qu'il faut c'est que la guerre et la violence ne soient plus considérées comme des solutions possibles aux conflits. **Nous devons œuvrer pour que la négociation, la conciliation et le respect de la loi deviennent les seuls moyens de régler les conflits**, de surmonter une opposition et de transcender les intérêts individuels.

FEDERICO MAYOR ZARAGOZA
Scientifique, politicien, diplomate et poète espagnol, directeur
général de l'UNESCO (1987-1999), né en 1934
Discours, 6 septembre 1988

Following the work of Lévy-Bruhl, who after forty years of research admitted in all honesty that he could see no "progression" in the move from magical to logical thought and that the two had inevitably to coexist in man, **all cultures must be seen as deserving equal respect**. We have finally come round to rendering justice to what were once condescendingly called "primitive cultures."

ERNESTO SÁBATO
Argentinian writer, 1911–2011
The UNESCO Courier, August 1990

Depuis les travaux de Lévy-Bruhl, reconnaissant en toute honnêteté après quarante ans de recherches qu'il n'y a pas de «progression» de la pensée magique à la pensée logique, mais que les deux mondes sont condamnés à coexister dans l'homme, **toutes les cultures méritent le même respect**. On a fini par rendre justice à ce qu'on appelait avec commisération les «cultures primitives».

ERNESTO SÁBATO
Écrivain argentin, 1911-2011
Le Courrier de l'UNESCO, août 1990

During the civilization and development process of more than 5,000 years, the Chinese nation has made an indelible contribution to the civilization and **advancement of mankind**.

(…)

Friends from the press, China needs to learn more about the world, and the world also needs to learn more about China. I hope you will continue to make more efforts and contributions to deepening the **mutual understanding** between China and the countries of the world.

XI JINPING
President of the People's Republic of China, born in 1953
Speech at the Politburo Standing Committee Members'
meeting with the press at the Great Hall of the People in Beijing,
November 15, 2012

Durant les cinq mille ans du processus de civilisation et de développement, la nation chinoise a apporté une contribution indélébile à la civilisation et à l'**avancement de l'humanité**.

(…)

Chers amis de la presse, la Chine doit mieux connaître le monde et le monde doit aussi mieux connaître la Chine. J'espère que vous continuerez à vous efforcer d'approfondir la **compréhension mutuelle** entre la Chine et les pays du monde.

XI JINPING
Président de la République populaire de Chine, né en 1953
Discours lors de la réunion avec la presse du Comité permanent
du Bureau politique, Grande salle du peuple, Beijing,
15 novembre 2012

For those who choose it, the **Quran**,
For those who choose it, the **Torah**,
For others, the **Gospel**.
For those who choose it, a mosque in which
to praise their God,
For those who choose it, a synagogue,
For those who choose them, bells or a crucifix,
For those who choose it, the Kaaba,
the stone that is kissed piously.

ABD EL-KADER
Algerian politician
and military leader, 1808–1883

Pour qui le veut, le **Coran**,
Pour qui le veut, la **Torah**,
Pour tel autre, l'**Évangile**,
Pour qui le veut, mosquée
    où prier son seigneur,
Pour qui le veut, synagogue,
Pour qui le veut, cloche ou crucifix,
Pour qui le veut, Kaâba
    dont on baise pieusement la pierre.

ABD EL-KADER
Homme politique
et chef militaire algérien, 1808-1883
Écrits spirituels, « *Le Puits de l'ermite* », 1982

I came to the conclusion long ago that all religions were true and also that all had some error in them, and whilst I hold by my own, I should hold others as dear as Hinduism. So we can only pray, if we are Hindus, not that a Christian should become a Hindu, but our innermost prayer should be a Hindu should be a better Hindu, a Muslim a better Muslim, a Christian a better Christian.

MAHATMA GANDHI
Nonviolent leader
of Indian independence, 1869–1948
Young India, January 19, 1928

Je suis arrivé à la conclusion, il y a bien longtemps, que toutes les religions étaient vraies et aussi qu'elles détenaient toutes quelques erreurs, et tout en conservant la mienne, je dois considérer les autres comme aussi précieuses que l'hindouisme. Aussi, si nous sommes hindous, nous ne pouvons que prier, non pas pour qu'un chrétien devienne hindou, mais, du plus profond de nous-mêmes, pour que l'hindou devienne un meilleur hindou, le musulman un meilleur musulman, le chrétien un meilleur chrétien.

MAHATMA GANDHI
Guide non violent
de l'indépendance indienne, 1869-1948

Even if I could talk face to face with the pilot who dropped the bombs, I would tell him we cannot change history but we should try to do good things for the present and for the future to promote peace.

(…)

Dear friends, I just dream one day people all over the world can live in real peace—no fighting, and no hostility. We should work together to build peace and happiness for all people in all nations.

PHAN THI KIM PHUC
Vietnamese-born Canadian human rights activist (her image
of being burned by napalm during the Vietnam War raised
worldwide awareness of the horrors of the war),
UNESCO Goodwill Ambassador, born in 1963
Address at The United States Vietnam War Memorial
Veterans' Day, November 11, 1996

Quand bien même je pourrais parler face à face avec le pilote qui a lancé les bombes, je lui dirais que l'on ne peut pas changer l'histoire mais que nous devrions essayer de faire des choses bonnes pour le présent et pour l'avenir, pour rechercher la paix.

(…)

Chers amis, je rêve simplement qu'un jour les peuples du monde entier puissent vivre vraiment en paix – pas de combats ni d'hostilité. Nous devrions travailler ensemble pour construire la paix et le bonheur pour tous les peuples de toutes les nations.

PHAN THI KIM PHUC
« La fille de la photo », brûlée au napalm pendant la guerre du
Viêt Nam, militante des droits de l'homme canadienne
d'origine vietnamienne, Ambassadrice de bonne volonté
de l'UNESCO, née en 1963
Discours au Mémorial de la guerre du Viêt Nam, « jour des
anciens combattants », 11 novembre 1996

Je veux être sûre que
les personnes qui entrent
au parlement ont été
choisies par le peuple
et non par la corruption.

—

I want to feel that the people
who come in the parliament are
chosen by the people, not by
corruption.

ESRAA ABDEL FATTAH
Blogueuse égyptienne, vice-présidente de l'ONG
Egyptian Democratic Academy
Egyptian blogger, Vice-President of the NGO
Egyptian Democratic Academy
Interview, *The Cairo Review*, February 27, 2011

Broadly speaking, nonviolence in the civil rights struggle has meant not relying on arms and weapons of struggle. It has meant noncooperation with customs and laws which are institutional aspects of a regime of discrimination and enslavement. It has meant direct participation of masses in protest, rather than reliance on indirect methods which frequently do not involve masses in action at all. (…)

Nonviolence is a powerful and just weapon. Indeed, it is a weapon unique in history, which cuts without wounding and ennobles the man who wields it.

MARTIN LUTHER KING JR.
American civil rights nonviolent activist, 1929–1968
Nobel Peace Prize Lecture, 1964

En général, la non-violence dans la lutte pour les droits civiques a consisté à ne pas avoir recours à des armes de lutte. Cela voulait dire la non-coopération avec des coutumes et des lois qui sont les aspects institutionnels d'un régime de discrimination et d'esclavage. Cela voulait dire la participation directe des masses à la protestation, plutôt que le recours à des méthodes indirectes qui souvent n'impliquent en rien l'action des masses.

(…)

La non-violence est une arme puissante et juste. Il est vrai que c'est une arme unique dans l'histoire, qui coupe sans blesser et ennoblit l'homme qui la brandit.

MARTIN LUTHER KING JR.
Militant non violent des droits civiques
aux États-Unis, 1929-1968
Discours de réception du prix Nobel de la paix, 1964

First, **the true essence of peace, which ensures its stability and durability, is justice**. Any peace not built on justice and on the recognition of the rights of the peoples, would be a structure of sand that would crumble under the first blow. (…)

Second, **peace is indivisible**. To endure, it should be comprehensive and involve all the parties in the conflict.

Third, peace and prosperity in our area are closely linked and interrelated. Our efforts should aim at achieving both, because it is as important to save man from death by destructive weapons, as it is not to abandon him to the evils of want and misery. And war is no cure for the problems of our area.

And last, but not least, peace is a dynamic construction to which all should contribute, each adding a new brick. It goes far beyond a formal agreement or treaty, it transcends a word here or there. That is why it requires politicians who enjoy vision and imagination and who, beyond the present, look toward the future.

ANWAR AL-SADAT
Egyptian statesman, 1918–1981
Nobel Peace Prize Lecture, 1978

Premièrement, **la véritable essence de la paix, qui assure sa stabilité et sa permanence, est la justice**. Toute paix qui ne serait pas construite sur la justice et sur la reconnaissance des droits des populations serait une structure de sable qui s'écroulerait à la première attaque. (…)

Deuxièmement, **la paix est indivisible**. Pour durer elle doit être générale et impliquer toutes les parties dans le conflit.

Troisièmement, la paix et la prospérité dans notre région sont étroitement liées et corrélées. Nous devons nous efforcer d'atteindre les deux, car il est aussi important de sauver l'être humain de la mort par des armes destructrices que de ne pas l'abandonner aux horreurs du besoin et de la misère. Et la guerre ne résoudra aucun des problèmes de notre région.

Enfin et surtout, la paix est une construction dynamique à laquelle tous devraient contribuer, chacun apportant sa pierre. Elle va bien au-delà d'un accord ou d'un traité formels, elle transcende les simples mots prononcés ici ou là. C'est pourquoi elle a besoin de politiques qui sont doués de vision et d'imagination et qui, au-delà du présent, regardent vers l'avenir.

ANOUAR EL-SADATE
Homme d'État égyptien, 1918-1981
Discours de réception du prix Nobel de la paix, 1978

Today's real borders are not between nations, but between powerful and powerless, free and fettered, privileged and humiliated. Today, no walls can separate humanitarian or human rights crises in one part of the world from national security crises in another. (...)

A genocide begins with the killing of one man—not for what he has done, but because of who he is. A campaign of "ethnic cleansing" begins with one neighbor turning on another. Poverty begins when even one child is denied his or her fundamental right to education. **What begins with the failure to uphold the dignity of one life, all too often ends with a calamity for entire nations.**

KOFI ANNAN
Ghanaian diplomat, 7th Secretary-General
of the United Nations, born in 1938
Nobel Peace Prize Lecture, 2001

Aujourd'hui les véritables frontières ne sont pas entre les nations mais entre les puissants et les impuissants, les hommes libres et les enchaînés, les privilégiés et les humiliés. Aujourd'hui, aucun mur ne peut séparer les crises humanitaires ou les atteintes aux droits de l'homme dans une partie du monde des crises de sécurité nationale dans une autre. (…)

Un génocide commence par la mise à mort d'un seul être humain – non pas à cause de ce qu'il a fait mais à cause de qui il est. Une campagne de «nettoyage ethnique» commence quand un voisin se retourne contre un autre. La pauvreté commence quand on nie le droit fondamental d'un enfant à l'éducation. **Ce qui commence par l'échec à faire respecter la dignité d'une vie finit bien souvent en calamité pour des nations entières.**

KOFI ANNAN
Diplomate ghanéen, septième secrétaire général
des Nations Unies, né en 1938
Discours de réception du prix Nobel de la paix, 2001

It is great that those who were once at the very
bottom of society are being exposed.
But now they have emerged and they express
their view on life—these are all positive things.
**They pave the way for the legitimate
struggle between development forces
and the forces of ignorance.**

SONALLAH IBRAHIM
Egyptian writer, born in 1937
Interview, January 2013, *Aswat Masriya*

C'est formidable que ceux qui étaient autrefois dans les bas-fonds de la société sortent de l'ombre. Ils sortent de l'ombre et ils expriment leurs conceptions de la vie. Ce sont des choses positives. **Ils préparent la voie de la lutte légitime entre le développement et les forces de l'ignorance.**

SONALLAH IBRAHIM
Écrivain égyptien, né en 1937

La paix apparaît comme un immense effort, toujours menacé par les conflits humains et constamment obligé de regagner le terrain perdu face aux explosions d'agressions, veillant à vaincre les injustices issues des actes de violence inhérents au présent et des états de violence hérités des actes d'injustice du passé.

—

Peace appears as an immense effort, constantly jeopardized by human conflicts and constantly obliged to make up ground lost through outbreaks of aggression, endeavoring to right the wrongs arising out of acts of violence occurring in the present and violent situations, which are the legacy of past wrongs.

AMADOU MAHTAR M'BOW
Homme politique sénégalais, né en 1921
Forum de la paix, Paris, 1974
Senegalese politician, born in 1921
Peace Forum, Paris, 1974

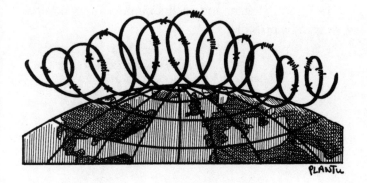

We have made a lifelong commitment never to give up this fight that represents our pride in our children, the indestructible ties of family and at the same time an admonition against predation if it happens elsewhere in the world, since **women will rise as we have done, as lionesses defending their cubs.** The pacifist struggle is not just a slogan, and such a plunder must never again be possible.

ESTELA BARNES DE CARLOTTO
Leader of the Grandmothers of the Plaza de Mayo,
Argentinian human rights activist, born in 1930
Félix Houphouët-Boigny Peace Prize acceptance speech,
September 14, 2011

Nous nous sommes engagées pour la vie à ne pas abandonner cette lutte qui représente la fierté de notre progéniture, les liens indestructibles de la famille, et également une mise en garde contre toute spoliation qui viendrait à se produire quelque part sur la planète, car **des femmes se lèveront comme nous l'avons fait et se changeront en lionnes pour défendre leurs petits**. La lutte pacifiste n'est pas un vain mot, et semblable spoliation ne sera plus jamais possible.

ESTELA BARNES DE CARLOTTO
Présidente de l'association des Grands-mères de la place de Mai,
militante argentine des droits de l'homme, née en 1930
Discours de réception du prix Félix Houphouët-Boigny
pour la recherche de la paix, 14 septembre 2011

I came to understand that **when the environment is destroyed, plundered or mismanaged, we undermine our quality of life and that of future generations**.

(…)

Although initially the Green Belt Movement's tree planting activities did not address issues of democracy and peace, it soon became clear that responsible governance of the environment was impossible without democratic space. Therefore, the tree became a symbol for the democratic struggle in Kenya. (…) In many parts of the country, trees of peace were planted to demand the release of prisoners of conscience and a peaceful transition to democracy.

(…)

In time, the tree also became a symbol for peace and conflict resolution, especially during ethnic conflicts in Kenya.

WANGARI MAATHAI
Kenyan environmental
and political activist, 1940–2011
Nobel Peace Prize Lecture, 2004

J'ai fini par comprendre que **quand l'environnement est détruit, pillé ou mal géré,
nous compromettons notre qualité de
vie et celle des générations futures**.

(…)

Bien qu'au départ les activités de plantation d'arbres
du mouvement de la Ceinture verte n'aient rien eu
à voir avec les questions de démocratie et de paix,
il est assez vite apparu qu'une gestion responsable
de l'environnement était impossible sans espace
démocratique. C'est ainsi que l'arbre est devenu le
symbole de la lutte démocratique au Kenya. Dans
de nombreuses régions, des arbres de la paix ont
été plantés pour exiger la libération des prisonniers
de conscience et une transition pacifique vers la
démocratie.

(…)

Avec le temps, l'arbre est également devenu un
symbole de paix et de résolution de conflit, surtout
pendant les conflits ethniques au Kenya.

WANGARI MAATHAI
Militante environnementale kényane, 1940-2011
Discours de réception du prix Nobel de la paix, 2004

To us Mother Earth is not only a source of economic riches that give us the maize, which is our life, but she also provides so many other things that the privileged ones of today strive for. **The Earth is the root and the source of our culture.** She keeps our memories, she receives our ancestors and she, therefore, demands that we honor her and return to her, with tenderness and respect, those goods that she gives us. We have to take care of her so that our children and grandchildren may continue to benefit from her. If the world does not learn now to show respect to nature, what kind of future will the new generations have?

RIGOBERTA MENCHÚ TUM
Guatemalan human rights activist, born in 1959
Nobel Peace Prize Lecture, 1992

Pour nous, la terre nourricière n'est pas seulement la source de richesses économiques qui nous donnent le maïs, et celui-ci est notre vie, mais elle nous apporte aussi tant d'autres choses que les privilégiés luttent pour obtenir. **La terre est la racine et la source de notre culture.** Elle conserve nos souvenirs, elle reçoit nos ancêtres et elle demande, par conséquent, que nous l'honorions et que nous lui rendions avec tendresse et respect ces biens qu'elle nous donne. Nous devons prendre soin d'elle pour que nos enfants et petits-enfants puissent continuer à profiter d'elle. Si le monde n'apprend pas à témoigner du respect à la nature, quel sera l'avenir des nouvelles générations?

RIGOBERTA MENCHÚ TUM
Militante des droits de l'homme guatémaltèque, née en 1959
Discours de réception du prix Nobel de la paix, 1992

Protection of the environment and human rights are inextricably bound together. (…) Those who are responsible for global warming, for the destruction of the ozone layer, for the pollution of land and water, for the razing of temperate and tropical forests, for the vertiginous disappearance of species from the face of the earth, and for the manufacture of weapons of mass destruction are directly threatening the survival of the human species. They are in fact violating the rights of present and future generations and most particularly the very right to existence.

For the most part, the victims of human rights violations related to the environment are members of indigenous peoples, of peasant communities, or of the rural or urban poor in countries of the South.

HOMERO ARIDJIS
Mexican poet, born in 1940
Foreign Policy in focus, March 22, 2012

La protection de l'environnement et les droits humains sont étroitement liés. (...) Les responsables du réchauffement climatique, de la destruction de la couche d'ozone, de la pollution de la terre et de l'eau, de l'abattage des forêts tempérées et tropicales, de la disparition vertigineuse d'espèces de la surface de la terre, et de la fabrication d'armes de destruction massive menacent directement la survie de l'espèce humaine. En réalité, ils violent les droits des générations présentes et futures et plus particulièrement le droit à l'existence.

Pour la plupart d'entre elles, les victimes des violations des droits humains par rapport à l'environnement sont des membres des populations autochtones, des communautés paysannes, ou les pauvres ruraux ou urbains des pays du Sud.

HOMERO ARIDJIS
Poète mexicain, né en 1940
Foreign Policy in focus, 22 mars 2012

All countries want development, because this implies improvement; and we want development that is long term and therefore sustainable. But we also want development which does not only stress economic matters but which pays attention to important social, cultural, political and environmental considerations. **Countries are increasingly not willing to accept economic development at any cost**; and they expect the benefits of development to reach all sections of the community.

HER ROYAL HIGHNESS
PRINCESS MAHA CHAKRI SIRINDHORN
Thai princess and philanthropist, born in 1955
Address on the occasion of the opening ceremony of the
3rd UNESCO-ACEID (Asia-Pacific Center of educational
innovation for development) international conference
on educational innovation for sustainable development,
Bangkok, December 1–4, 1997

Tous les pays veulent se développer, car cela implique une amélioration ; et nous voulons un développement à long terme, et donc durable. Mais nous voulons également un développement qui n'insiste pas seulement sur les questions économiques mais qui se préoccupe d'importantes considérations sociales, culturelles et environnementales. **Les pays refusent de plus en plus d'accepter le développement économique à tout prix** ; et ils veulent que les bénéfices du développement atteignent toutes les couches de la communauté.

SON ALTESSE ROYALE
LA PRINCESSE MAHA CHAKRI SIRINDHORN
Princesse thaïlandaise, philanthrope, née en 1955
Discours à la cérémonie d'ouverture de la 3ᵉ conférence
internationale UNESCO-ACEID (Asia-Pacific Center of
educational innovation for development) sur l'innovation
pédagogique pour le développement durable,
Bangkok, 1-4 décembre 1997

Many of the indigenous people burned alive for worshipping idols were simply the environmentalists of their time who were practising **the only kind of ecology that seems worthwhile to me—an ecology of communion with nature**.
Harmony with nature and a communal approach to life ensured the survival of ancient indigenous values despite five centuries of persecution and contempt.

EDUARDO GALEANO
Uruguyan writer and journalist, 1940–2015
The UNESCO Courier, January 2001

Beaucoup d'autochtones condamnés à être brûlés vifs pour idolâtrie étaient en fait ce qu'on appelle aujourd'hui des écologistes. Ils pratiquaient en leur temps **la seule écologie qui me semble valable : une écologie de communion avec la nature**.

Communion avec la nature et esprit communautaire sont les deux clefs qui expliquent la survie des valeurs indigènes traditionnelles, malgré cinq siècles de persécutions et de mépris.

EDUARDO GALEANO
Écrivain et journaliste uruguayen, 1940-2015
Le Courrier de l'UNESCO, janvier 2001

Despite all its missteps, humanity will go on in its march toward what is "beneficial to the people" and will make different cultures, identities, and specific characteristics of civilizations come closer to each other on the road toward positive convergence and interaction, both in taking and in giving. Thus, understanding will gradually replace dispute, cooperation will replace conflict, peace will replace war, and integration will replace division.

(...)

All ideologies, beliefs, laws, and charters produced by the march of humanity through all stages of its development and growth, as well as all divine messages and religions, without exception, oblige us to support oppressed people, be they groups or individuals. Supporting an oppressed person is not only required because of his need for support, but also because **injustice against one person is injustice against all mankind**.

TAWAKKOL KARMAN
Yemenite women's rights activist, born in 1979
Nobel Peace Prize Lecture, 2011

Malgré tous ses faux pas, l'humanité continue de marcher vers ce qui est « bon pour les gens » et de rapprocher les cultures, les identités et les spécificités des civilisations sur la route de la convergence et de l'interaction positive, par le don et l'accueil. Ainsi, peu à peu, la compréhension remplacera la querelle, la coopération remplacera le conflit, la paix remplacera la guerre et l'intégration remplacera la division.

(…)

Toutes les idéologies, croyances, lois et chartes produites par la marche de l'humanité au cours de son développement et de sa croissance, ainsi que tous les messages divins et les religions, sans exception, nous obligent à soutenir les populations opprimées, que ce soit des groupes ou des individus. Soutenir une personne opprimée n'est pas seulement obligatoire parce qu'elle en a besoin, mais aussi parce que **l'injustice contre une personne est une injustice contre toute l'humanité**.

TAWAKKOL KARMAN
Militante yéménite de défense
des droits des femmes, née en 1979
Discours de réception du prix Nobel de la paix, 2011

There is occasion for optimism and hope. There are good signs of progress and change. Around the world, slowly, international law and an awareness of human rights are illuminating dark corners, in schools, in courts, in the marketplace. The windows of closed chambers where men and women have been unspeakably abused are being opened, and the light is coming in. Democracies, even if tentatively, are taking root in lands unaccustomed to freedom.

(...)

Today, across the globe, women, and also men, from all walks of life are finding the courage to say, loudly and firmly, in a thousand languages, "No more." They reject mindless violence, and defend the fundamental values of democracy, of open society, of freedom, and of peace.

ELLEN JOHNSON SIRLEAF
Liberian politician, born in 1938
Nobel Peace Prize Lecture, 2011

Il y a place pour de l'optimisme et de l'espoir. Il y a de bons signes de progrès et de changement. À travers le monde, doucement, la loi internationale et la conscience des droits humains illuminent les recoins obscurs, dans les écoles, les tribunaux, sur le marché. Les fenêtres de ces chambres closes dans lesquelles des hommes et des femmes ont été horriblement maltraités commencent à s'ouvrir, et la lumière pénètre. Les démocraties, avec difficulté certes, s'enracinent dans des terres qui n'avaient pas l'habitude de la liberté.

(...)

Aujourd'hui, dans le monde entier, des femmes, des hommes aussi, de toutes origines, trouvent le courage de dire, haut et clair, dans des milliers de langues, « Plus jamais ». Ils rejettent la violence gratuite et défendent les valeurs fondamentales de la démocratie, d'une société ouverte, de la liberté et de la paix.

ELLEN JOHNSON SIRLEAF
Femme politique libérienne, née en 1938
Discours de réception du prix Nobel de la paix, 2011

Imagine that each one of us, endowed with our multiple intelligences, gives a thousandth of our real riches to each passer-by at the corner of the nearest street or at the other end of the world. We will have the horizon at our feet, the most beautiful foundation stone for a dwelling place. But this is just a dream, isn't it? You can, without risk of making a mistake, devote time to this dream.

TANELLA BONI
Ivorian writer, born in 1954
Letters to Future Generations, 1999

**Imagine que chacun de nous, doué d'in-
telligences multiples, donne un millième
de ses vraies richesses à chaque passant**
rencontré au coin de la rue ou à l'autre bout du
monde. Nous aurions l'horizon à nos pieds, la plus
belle fondation du lieu habitable. Mais ce n'est
qu'un rêve, n'est-ce pas? Tu peux, sans risque de
te tromper, consacrer du temps à ce rêve.

TANELLA BONI
Écrivaine ivoirienne, né en 1954
Lettres aux générations futures, 1999

We in India believe that, if **peace is to be achieved**, it should not be achieved negatively by the imposition of disciplinary measures or the use of sanctions, but **by the fostering of good-will and understanding among the peoples of the world**.

SIR SARVEPALLI RADHAKRISHNAN
Indian politician and philosopher, 1888–1975
First session of the UNESCO General Conference,
November 20, 1946

Nous autres, Indiens, sommes convaincus que, si **la paix doit un jour régner**, ce n'est pas en procédant de manière négative qu'on arrivera à l'établir ; ce n'est pas en recourant à des mesures disciplinaires ou à des sanctions, mais **en stimulant chez tous les peuples du monde la bonne volonté et l'esprit d'entente**.

SIR SARVEPALLI RADHAKRISHNAN
Homme politique et philosophe indien, 1888-1975
Première session de la Conférence générale de l'UNESCO,
20 novembre 1946

We wish to live without refugee tents in our country, without blood being shed. I'd like to repeat after Mother Teresa of Calcutta, **"It is better to light a candle than to curse the darkness."**

(…) Dear compatriots, among you there are doctors, there are teachers, there are all sorts of talents. The country that brought you to life, is waiting for you with open arms. One must never abandon one's mother when she is suffering. We suffer to see you so far away. Come back dear brothers and sisters, to rebuild the country that has given you your identity.

MARGUERITE BARANKITSE
Burundian human rights activist, born in 1957
Acceptance speech for the Fondation Chirac Prize
for the prevention of conflicts, November 24, 2011

Nous voulons vivre sans tentes de réfugiés dans notre pays, sans le sang qui se verse. Je veux dire comme mère Teresa de Calcutta : **« Il vaut mieux allumer une bougie que maudire les ténèbres. »**
(…) Chers compatriotes, parmi vous il y a des médecins, il y a des professeurs, il y a toutes les compétences. Le pays qui vous a mis au monde vous attend les bras ouverts. On n'abandonne jamais sa maman quand elle souffre. Nous souffrons de vous voir loin. Revenez chers frères et sœurs rebâtir cette patrie qui vous a donné l'identité.

MARGUERITE BARANKITSE
Militante burundaise des droits de l'homme, née en 1957
Discours de réception du prix de la Fondation Chirac
pour la prévention des conflits, 24 novembre 2011

Slings, arrows, and gas chambers can annihilate man, but cannot destroy human values, dignity, and freedom.
(…)
There was a time when war was fought for lack of choice. Today it is peace that is the "no-choice" option. The reasons for this are profound and incontrovertible. The sources of material wealth and political power have changed. No longer are they determined by the size of territory obtained by war. Today they are a consequence of intellectual potential, obtained principally by education.

SHIMON PERES
Israeli statesman, born in 1923
Nobel Peace Prize Lecture, 1994

Les frondes, les flèches et les chambres à gaz peuvent annihiler l'homme mais ne peuvent pas détruire les valeurs humaines, la dignité et la liberté.

(…)

Il fut un temps où on faisait la guerre par manque de choix. Aujourd'hui, c'est la paix qui est l'option «dernier choix». Les raisons en sont profondes et incontestables. Les sources de la richesse matérielle et du pouvoir politique ont changé. Elles ne sont plus déterminées par la taille du territoire acquis par la guerre. Aujourd'hui elles sont la conséquence du potentiel intellectuel qui est obtenu principalement par l'éducation.

SHIMON PERES
Homme d'État israélien, né en 1923
Discours de réception du prix Nobel de la paix, 1994

There may be times when we are powerless to prevent injustice, but there must never be a time when we fail to protest. **The Talmud tells us that by saving a single human being, man can save the world.** We may be powerless to open all the jails and free all the prisoners, but by declaring our solidarity with one prisoner, we indict all jailers. None of us is in a position to eliminate war, but it is our obligation to denounce it and expose it in all its hideousness. War leaves no victors, only victims.

ELIE WIESEL
American Romanian-born Jewish writer, born in 1928
Nobel Peace Prize Lecture, 1986

Il peut y avoir des moments où nous ne pouvons éviter l'injustice, mais il ne doit jamais y avoir de moments où nous cessons de protester. **Le Talmud nous dit qu'en sauvant un seul être humain, nous pouvons sauver le monde.** Nous pouvons être impuissants à ouvrir les prisons et à libérer tous les prisonniers, mais en déclarant notre solidarité avec un prisonnier, nous accusons tous les geôliers. Aucun de nous n'est en position d'éliminer la guerre, mais nous devons la dénoncer et exposer toute son abomination. La guerre ne fait pas de vainqueurs, uniquement des victimes.

ELIE WIESEL
Écrivain américain juif d'origine roumaine, né en 1928
Discours de réception du prix Nobel de la paix, 1986

War conditions show us only the dark side of what is happening. But there is a luminous and astonishing side to all this. It is the people, **the women and men who work quietly on the ground to achieve their dreams of freedom and justice**, to improve their lives so that nothing—not even one hundred thousand deaths or the siege or the betrayal of the international community—can destroy the will of the people, who have a dream and faith in the future.

RAZAN ZAITOUNEH
Syrian lawyer and human rights activist,
abducted by jihadists in December 2013

Les conditions de la guerre permettent seulement de voir la face sombre de ce qui se passe. Mais il y a une face lumineuse et incroyable à tout cela. Ce sont les gens, **les femmes et les hommes qui agissent en silence sur le terrain pour réaliser leurs rêves de liberté et de justice**, améliorer le quotidien pour que rien – pas même nos plus de 100 000 morts ou le difficile siège, ou la trahison, de la communauté internationale – ne puisse jamais annihiler la volonté du peuple qui a des rêves et foi en l'avenir.

RAZAN ZAITOUNEH
Avocate, militante syrienne des droits de l'homme,
enlevée par les djihadistes en décembre 2013
Le Monde, 13 décembre 2013

Tous les peuples au commencement d'un régime despotique ont la possibilité de résister. La vérité, c'est que la plupart des dictateurs réussissent, un moment, à charmer, à séduire une large part de la population. (…) Une dictature n'est pas seulement un ensemble de sévices et de tortures, mais aussi la lente dégradation morale de toute une société.

—

All peoples have the option of resisting in the early stages of a despotic regime. Truth is, most dictators succeed for a time in charming, in seducing a substantial part of the population. (…) A dictatorship is not only a system of abuse and torture, but also the gradual moral decay of an entire society.

MARIO VARGAS LLOSA
Écrivain péruvien, né en 1936,
prix Nobel de littérature 2010
L'Express, 1er avril 2002
Peruvian writer, born in 1936,
Nobel Prize in Literature 2010

Une civilisation qui s'avère incapable de résoudre les problèmes que suscite son fonctionnement est une civilisation décadente.

Une civilisation qui choisit de fermer les yeux à ses problèmes les plus cruciaux est une civilisation atteinte.

Une civilisation qui ruse avec ses principes est une civilisation moribonde.

—

A civilization that finds itself unable to solve the problems raised by its own functioning is a decadent civilization.

A civilization that chooses to close its eyes to its most crucial problems is a suffering civilization.

A civilization that plots against its own principles is a dying civilization.

AIMÉ CÉSAIRE
Poète français de Martinique, 1913-2008
Discours sur le colonialisme, 1955
French poet from Martinique, 1913–2008

La désobéissance civile
est importante.
Il faut louer le rôle
des rebelles,
car c'est la minorité
qui brise les tabous.

—

Civil disobedience
is essential.
We must celebrate rebels,
because it is minorities
that break taboos.

MONA ELTAHAWY
Journaliste américano-égyptienne, née en 1967
Le Monde, 18 juin 2015
Egyptian-American journalist, born in 1967

Le but de la vie
n'est pas de prospérer
mais de se transformer.
Quand on se lance
dans l'inconnu,
on est sauvé.

—

The aim of life is not prosperity
but transformation.
It is the leap
into the unknown
that results in freedom.

ELENA PONIATOWSKA
Journaliste, écrivaine
et militante politique mexicaine, née en 1932
Leonora, 2012
Mexican journalist, writer
and political activist, born in 1932

It is abominable to witness the cold and calculated destruction of cultural properties which were the heritage of the Afghan people, and, indeed, of the whole of humanity. The Buddhas of Bamiyan were not inscribed on the World Heritage List but deserved to be and their destruction represents a true cultural crime.

This crime against culture was committed while people throughout the world raised their voices to prevent it. The Taliban heeded neither the unprecedented scope of international mobilization, nor the advice against their decision, spontaneously issued by the highest religious authorities of Islam.

KOICHIRO MATSUURA
Japanese diplomat,
Director-General of UNESCO (1999–2009), born in 1937
Speech, March 12, 2001

Il est odieux d'assister à la destruction, froidement calculée, de biens culturels qui constituaient le patrimoine du peuple afghan et, au-delà, celui de l'humanité tout entière. Les bouddhas de Bamiyan ne figuraient pas sur la Liste du patrimoine mondial mais auraient mérité d'y être inscrits et leur destruction constitue un véritable crime culturel.

Ce crime contre la culture a été commis alors que partout dans le monde des voix s'élevaient pour l'empêcher. Les talibans n'ont tenu compte ni de la mobilisation internationale sans précédent ni de l'avis contraire exprimé spontanément par les plus hautes autorités religieuses de l'Islam.

KOÏCHIRO MATSUURA
Diplomate japonais,
directeur général de l'UNESCO (1999-2009), né en 1937
Discours, 12 mars 2001

Protection of cultural heritage is more than a cultural matter. It is an imperative for security and peace. Violent extremists do not attack heritage at random: they destroy monuments as a means of disintegrating societies. The war today is one on minds. We must respond by giving even more powerful support to cultural diversity as the driving force of freedom, creativity, innovation and progress. We must respond by giving even more powerful support to young people and to their education for peace.

IRINA BOKOVA
Bulgarian politician,
Director-General of UNESCO since 2009, born in 1952
Speech at the 3rd World Forum on Intercultural Dialogue,
"Sharing Culture for Shared Security," May 18, 2015

La protection du patrimoine culturel est plus qu'une question culturelle. C'est un impératif de sécurité et de paix. Les extrémistes violents ne frappent pas le patrimoine au hasard : ils cherchent à le détruire car ils cherchent à désintégrer les sociétés. Il s'agit aujourd'hui d'une guerre contre les esprits. Nous devons répondre par un soutien d'autant plus fort à la diversité culturelle, comme moteur de liberté, de créativité, d'innovation et de progrès. Nous devons répondre par un soutien d'autant plus fort auprès des jeunes, pour l'éducation à la paix.

IRINA BOKOVA
Femme politique bulgare,
directrice générale de l'UNESCO depuis 2009, née en 1952
Discours au 3ᵉ Forum mondial sur le dialogue interculturel
« Partager la culture pour une sécurité partagée », 18 mai 2015

We believe that expressing a problem accurately and tackling it with a genuine desire to find a solution, then creating a spirit of trust and mutual understanding and demonstrating profound respect for national law, are essential conditions for solving and terminating conflicts.

Peace is undoubtedly within our grasp, but it cannot be without a culture of peace, without justice or social and economic equality. **Extreme poverty must be ended, along with its terrible consequences.** We must respect human dignity. We cannot tolerate that a single man, woman or child lives in degrading and oppressing conditions.

SHEIKH HASINA
Bangladeshi politician, born in 1947,
winner of the Félix-Houphouët-Boigny Peace Prize 1998
Félix-Houphouët-Boigny Peace Prize acceptance speech,
September 24, 1999

Nous croyons que poser un problème correctement, l'aborder avec la volonté sincère de le résoudre, créer une atmosphère de confiance et de compréhension, et afficher un profond respect pour la loi suprême du pays sont des conditions essentielles pour pouvoir résoudre et voir disparaître les conflits.

La paix est sans aucun doute à portée de main, mais pas sans une culture de la paix, pas sans une justice et une égalité sociales et économiques. **La misère doit être éliminée, ainsi que les infortunes qui l'accompagnent.** Nous devons respecter la dignité humaine. Nous ne saurions tolérer qu'un seul homme ou qu'une seule femme, sans parler des enfants, vive dans une situation dégradante et dans des conditions qui l'écrasent.

SHEIKH HASINA
Femme politique bangladaise, née en 1947, lauréate du prix
Félix-Houphouët-Boigny pour la recherche de la paix, 1998
Discours de réception du prix Félix-Houphouët-Boigny
pour la recherche de la paix, 24 septembre 1999

Aujourd'hui, le thème de terre patrie doit inclure les patries singulières et non pas les détruire. **La relation entre le genre humain et l'individu passe par le développement de la citoyenneté terrestre.** Le citoyen est celui qui se sent responsable et solidaire.

—

Today, the notion of Homeland Earth must encompass that of particular homelands, not undermine it. **The relationship between humankind and the individual requires the development of an earth citizenship.** The citizen is someone with a sense of responsibility and social solidarity.

EDGAR MORIN
Sociologue et philosophe français, né en 1921
Où vont les valeurs, 2004
French sociologist and philosopher, born in 1921
The Future of Values, 2004

COPYRIGHTS

Tous les dessins reproduits dans l'ouvrage sont de Plantu.

(P. 9, 35, 43, 53, 81, 89, 99, 117, 127, 139) © Plantu, 2015. Tous droits réservés.

Couverture : d'après photo © Robin Hood / Getty Images.

P. 8-9 Gilberto Gil
© Creative Commons Attribution 4.0 International license

P. 10-11 Léopold Sédar Senghor
© Éditions du Seuil 1964, 1973, 1979, 1984 et 1990

P. 12 Winston Churchill
© Fondation Jean Monnet pour l'Europe et Centre de recherches européennes, Lausanne (www.cvce.eu)
© Council of Europe (COE)

P. 14-15 Gabriela Mistral
« La Orden Franciscana de Chile autoriza el uso de la obra de Gabriela Mistral. Lo equivalente a los derechos de autoría es entregado a la Orden Franciscana de Chile, para los niños de Montegrande y de Chile, de conformidad a la voluntad testamentaria de Gabriela Mistral. »

P. 30 Gamal Abdel Nasser
© La Documentation française

P. 50-51 Isabel Allende
© Harper Collins, 2000
© Éditions Grasset & Fasquelle, 2001.

Traduit de l'espagnol (Mexique) par Claude Fell

P. 68-69 Albert Einstein
© Le Courrier de l'UNESCO, 1951
© The Unesco Courier, 1951

P. 74-75 Les écrivains pour la paix / Writers Appeal for Peace
© Appel pour la paix, 2012
© Appeal for Peace, 2012

P. 78-79 Ernesto Sábato
© Le Courrier de l'UNESCO, 1990
© The UNESCO Courier, 1990

P. 80-81 Xi Jinping. Tous droits réservés

P. 82-83 Abd el-Kader
© Éditions du Seuil, 1982, « Points Sagesses » 1994

P. 84-85 Mahatma Gandhi
© Young India, 1928

P. 86-87 Phan Thi Kim Phuc
© Kim Phuc, 1996

P. 88 Esraa Abdel Fattah
© The Cairo Review of Global Affairs, 2011

P. 96-97 Sonallah Ibrahim
© Aswat Masriya, 2013 http://en.aswatmasriya.com/

P. 106-107 Homero Aridjis
© Creative Commons Attribution licence

P. 110-111 Eduardo Galeano
© Le Courrier de l'UNESCO, 2001
© The UNESCO Courier, January 2001

P. 120-121 Marguerite Barankitse
Tous droits réservés

P. 126-127 Razan Zaitouneh
© Le Monde, 13-12-2013
P. 128 Mario Vargas Llosa
© L'Express, 2002
P. 129 Aimé Césaire
© Présence Africaine éditions, 1955
P. 130 Mona Eltahawy
© Le Monde, 18-6-2015
P. 131 Elena Poniatowska
© Actes Sud, 2012. Traduit de l'espagnol
(Mexique) par Claude Fell
P. 138 Edgar Morin
© UNESCO/Berghan Books, 2004
© UNESCO/Albin Michel, 2004

© The Nobel Foundation

L'intégralité des discours de réception
des prix Nobel est disponible sur le site
www.nobelprize.org
The full length Nobel Lectures are
available on www.nobelprize.org

P. 16-17 Yitzhak Rabin (1994)
P. 18-19 Óscar Arias Sánchez (1987)
P. 20-21 Mohamed el-Baradei (2005)
P. 22-23 Eisaku Sato (1974)
P. 24-25 Mohamed Yunus (2006)
P. 32-33 Yasser Arafat (1994)
P. 40-41 Shirin Ebadi (2003)
P. 42-43 Nelson Mandela (1993)
P. 44-45 Menachem Begin (1978)
P. 46-47 Adolfo Pérez Esquivel (1980)
P. 48-49 Frederik De Klerk (1993)
P. 56-57 Malala Yousafzai (2014)
P. 58-59 Leymah Roberta Gbowee
(2011)
P. 64-65 Mikhaïl Gorbachev (1991)
P. 66-67 Aung San Suu Kyi (2012)
P. 72-73 Kim Dae-jung (2000)
P. 90-91 Martin Luther King Jr. (1964)
P. 92-93 Anouar el-Sadate (1978)
P. 94-95 Kofi Annan (2001)
P. 102-103 Wangari Maathai (2004)
P. 104-105 Rigoberta Menchú Tum
(1992)

P. 112-113 Tawakkol Karman (2011)
P. 114-115 Ellen Johnson Sirleaf
(2011)
P. 122-123 Shimon Peres (1994)
P. 124-125 Elie Wiesel (1986)

© UNESCO

P. 26-27 Elikia M'Bokolo (2000)
P. 28-29 Amadou Toumani Touri
(2000)
P. 34 Suniti Kumar Chatterji (1953)
P. 36-37 Souleymane Bachir Diagne
(2000)
P. 38-39 Boutros Boutros-Ghali (2000)
P. 52 Son Altesse royale la Princesse
Firyal (2013)
P. 54-55 Hayat Sindı (2012)
P. 60-61 Gertrude Mongella (2000)
P. 62-63 Eva Perón (1947)
P. 70-71 Ibrahim Ag Idbaltanat (2014)
P. 76-77 Federico Mayor Zaragoza
(1988)
P. 98 Amadou Mahtar M'Bow (1974)
P. 100-101 Estela Barnes de Carlotto
(2011)
P. 108-109 Son Altesse royale la
Princesse Maha Chakri Sirindhorn (1997)
P. 116-117 Tanella Boni (1999)
P. 118-119 Sir Sarvepalli Radhakrishnan
(1946)
P. 134-135 Irina Bokova (2015)
P. 132-133 Koïchiro Matsuura (2001)
P. 136-137 Sheikh Hasina (1999)

Publié en 2015 par l'Organisation des Nations Unies
pour l'éducation, la science et la culture,
7, place de Fontenoy, 75007 Paris, France
et les Éditions Gallimard

Published in 2015 by the United Nations
Educational, Scientific and Cultural Organization,
and Éditions Gallimard

ÉDITIONS GALLIMARD

Direction du Partenariat
FRANCK FERTILLE
Chef de projet
MANUELE DESTORS
Direction artistique
ANNE LAGARRIGUE
Conception graphique
CLOTILDE CHEVALIER
CLARA SFARTI
PHILIPPE PIERRELÉE
Suivi éditorial
GENEVIÈVE DE LA BRESTESCHE
Relecture
MARIE-PAULE JAFFRENNOU
BERNARD WOODING

UNESCO

Responsables des Éditions
IAN DENISON
CHRISTINA PUERTA
Suivi
MONIA ADJIWANOU
Traductions
UNESCO

Imprimé en Italie par : Grafica Veneta en septembre 2015
ISBN : 978-92-3-000021-9